U0861988

广西全民阅读书系

“广西全民阅读书系”编委会

主　任　利来友

副主任　张艺兵　黎洪波　卢培钊

成　员　唐　勇　梁　志　石立民

岑　刚　白竹林　雷　鸣

刘项鹏　罗敏超

广西全民阅读书系

『当代毕昇』王选

葛竞 著

覃小恬 绘

小学版

广西出版传媒集团
广西科学技术出版社

图书在版编目（CIP）数据

“当代毕昇”王选 / 葛竞著；覃小恬绘．-- 南宁：广西科学技术出版社，2025.4．-- ISBN 978-7-5551-2434-4

Ⅰ．K826.16-49

中国国家版本馆 CIP 数据核字第 2025DL6511 号

“DANGDAI BI SHENG” WANG XUAN
“当代毕昇”王选

总 策 划　利来友

监　　制　黄敏娴　赖铭洪
责任编辑　谢艺文
责任校对　吴书丽
装帧设计　李彦媛　黄妙婕　杨若媛　梁　良
责任印制　陆　弟

出 版 人　岑　刚
出　　版　广西科学技术出版社
　　　　　广西南宁市东葛路 66 号　邮政编码 530023
发行电话　0771-5842790
印　　装　广西民族印刷包装集团有限公司
开　　本　710 mm × 1030 mm　1 / 16
印　　张　3.25
字　　数　47 千字
版次印次　2025 年 4 月第 1 版　2025 年 4 月第 1 次印刷
书　　号　ISBN 978-7-5551-2434-4
定　　价　19.80 元

如发现印装质量问题，影响阅读，请与出版社发行部门联系调换。

王选同志的一生是献身科学、追求真理的一生。他勇于创新，甘于奉献，生活朴素，平易近人。他对国家和人民忠心耿耿，把毕生的精力都奉献给了祖国和人民，为中华民族的伟大复兴和祖国的完全统一殚精竭虑、鞠躬尽瘁。他的爱国情操和崇高品德，永远值得我们学习和怀念。

——新华社

印刷厂里，捧着笨重铅盘的印刷工人弓着身体，不断寻找着需要使用的铅字。熔铸字模的时候，工厂里浓烟弥漫。从宋代毕昇发明活字印刷术开始，这种古老的印刷方式在神州大地延续了近千年。

直到一个人的出现，让我国印刷行业从“铅与火”的时代，进入了“光与电”的时代。这个引发我国印刷行业技术革命的人，就是王选。

“哇——哇——”

1937年2月5日，一阵响亮的婴儿啼哭声划破天际，王选在上海出生了。

王选出生后不久，日本发动全面侵华战争，到处都是枪林弹雨。

父亲给这个在战火中出生的男孩取名为“王选”，希望他在这山河破碎、家国飘摇的年月，能够选择正确的道路，活出属于自己的人生。

童年的某一天，王选正在房间里读书，父亲走了进来。他眉头深锁，手中拿着的小画报上是一名气宇轩昂的中国军人和一面中华民国国旗。

王选一下就喜欢上了这幅作品，他兴奋地说："可以把这张画报送给我吗，爸爸？"

父亲苦笑着摇头："这画报太危险了，我们留不下它。"

当时上海已经沦陷，这张画报一旦被敌人发现，后果不堪设想。

王选握紧了小拳头，坚定地说："爸爸，我可以把它藏起来，保护好！"

王选将画报珍重地藏进画册夹层里，一直保存到抗战结束。

这张画报像一颗小种子埋进了王选心中：中国人，不能总是这样受欺负，每个中国人都要发愤图强，共同建立起一个兴盛伟大的国家！

1954 年的夏天，王选以优异的成绩考入北京大学数学力学系。

王选结识了一群志同道合的同学，他们常常聚在一起切磋学问，挑灯苦读，豪情万丈地谈论理想。他们是共和国的春天里一棵棵蕴含无穷潜力的幼苗。

在大学里，王选迈出了科研生涯的第一步，这为他后来的计算机应用研究奠定了坚实基础。

“当代毕昇”王选

大学三年级是改变王选人生道路的一年。

这一年，北京大学数学力学系增设了计算数学专业。

在当时，计算数学是一个相当冷门的学科，整个北京大学都找不到一台像样的电脑。王选却想到，计算数学的发展与航天、原子能、国防科技等诸多尖端领域密切相关。选择计算数学专业，不是为了个人的兴趣，而是因为他心里装着祖国的未来。

王选决心将自己所学的知识运用于祖国建设，为国为民贡献力量！

1958年，北京大学计划研制一台运算速度可达到世界前10的计算机——“红旗机”，为此，专门成立了一个“红旗营”。成绩优异、踏实稳重的王选很快被同事们推举为“红旗营”的参谋。

为了推进研发计划，王选放弃了所有的业余时间，除了吃饭和睡觉，整天都泡在实验室里。

调试机器的时候，王选和同事们常常“打鬼”，就是拿一个小锤，在插件上轻轻地左敲敲，右敲敲，要是敲到了质量不好的配件，机器就会自动停下来。这个有趣的方式能帮他们更快找到故障点。

为了加快研发速度，王选让同事们分成日夜两班，自己却待在机房里不分昼夜地工作。

有一次，王选和同事们一起吃饭，菜还没上，他就趴在餐桌上睡着了。大家看着他，又是好笑，又是心疼。

大家决心，一定要上下拧成一股绳，齐心协力将“红旗机”造出来！

功夫不负苦心人。1960 年 5 月，在王选和同事们的共同努力下，“红旗机”以优异的成绩通过了“结业考试”。在热烈的掌声和欢呼声中，王选和每一位同事击掌、拥抱，他们的眼睛澄澈明亮，充满对未来的期待！

千难万难，“红旗机”总算是“活”了。

然而王选却在此时患上了一种罕见的怪病，常常高烧不退，整个人迅速消瘦了。

1962 年，王选的病情迅速恶化，已经到了危及生命的地步。在同事和老师的劝导下，他不得不满心遗憾地告别母校，返乡休养。

在父母的悉心照料下，王选的病情很快得到了控制。但他变得越来越沉默，常常望着天空发呆。

在星光下，王选一遍遍翻看着从前的资料，回想着那些在研究室度过的日子。

他的心里想的只有一件事：我什么时候才能回到研发岗位上呢？

1974 年 8 月，一项即将改变时代的国家重点科研项目汉字精密照排系统被提上了研发日程。

汉字精密照排系统就是把汉字缩小，存进电脑里，再通过照排机器把汉字打印出来。

汉字精密照排系统能将千万名印刷工人从重复劳动中解放出来，并将引发一场轰轰烈烈的技术革命。

为了争取研发机会，王选常常到北京大学图书馆查阅资料。他总是随身带着一个小本子，遇到重要信息或者不懂的单词，便认真地抄写下来。

文献生僻枯燥，他却看得津津有味。把北京大学的资料看了个遍后，王选便转移阵地，来到中国科技情报所继续“寻宝”。

就这样一直默默努力，王选从一知半解到熟练精通。王选明白，研究汉字精密照排系统，第一个需要解决的就是汉字的储存问题。因为我们的汉字实在太多了，大家熟悉的汉字就成千上万个，更别说还有十余种字体、二十多种字号，就连当时世界上容量最大的电脑也装不下。

当时，国际上有一种消极言论在蔓延：“汉字终将被淘汰，因为它无法进入计算机时代。”

然而，王选的研究热情并没有被这股冷风吹灭，他勤奋地查资料、做研究，一张报纸能看一个下午。

终于，王选找到了破解难题的关键：汉字虽然多，但都有固定的笔画和轮廓，如果把汉字拆成笔画后再存进电脑，不就大大节约存储空间了吗？

说干就干！1975 年 9 月，王选和妻子陈堃銶在计算机中模拟还原出了“人”字的第一撇！虽然只是一个笔画，但是却让他们看到了希望！

当王选信心满满地将这项技术展示给专家们看时，不少人却表示“字模应该是看得见、摸得着的，你们这样简直就像在玩数学游戏，太脱离实际了”。

不被认可，让王选感到了迷茫。忍受孤独和质疑的同时，王选还要饱受病痛的折磨。

在那段最失落的日子里，王选想起“巨型计算机之父”西摩·克雷说过的话：“对新鲜事物，人们常说‘做不成的！’，这时最好的回答就是自己动手做！”

王选反复翻看资料并动手设计，设计手稿越攒越厚，达到了两千多页。他伏案工作的背影那么疲惫、消瘦，却透出坚韧不拔的精神。经过不懈努力，王选终于成功设计出一种芯片，简化了汉字的存储过程。

1976年8月，王选提出，可以直接研制第四代激光照排系统。

在当时，世界上最先进的照排系统是第三代，第四代只是一个模糊的概念。新一轮的质疑排山倒海地向他席卷而来——

“人家美国、日本都没搞出来的东西，你凭什么搞？”

“沽名钓誉、玩弄数学游戏！”

1979 年初，研制出第一代激光照排系统的英国蒙纳公司宣称，将于秋天在北京和上海举行展览。一旦蒙纳公司抢先占领国内印刷市场，我国相关的研发项目都将变得举步维艰。

唯一的办法，就是加快第四代系统的研发和调试，赶在展会前印刷出一份完整的报纸样张！

巨大的压力，重重地落在王选的肩上，他必须逆流而上，这个过程充满了艰难险阻，哪怕松一口气都难以成功。

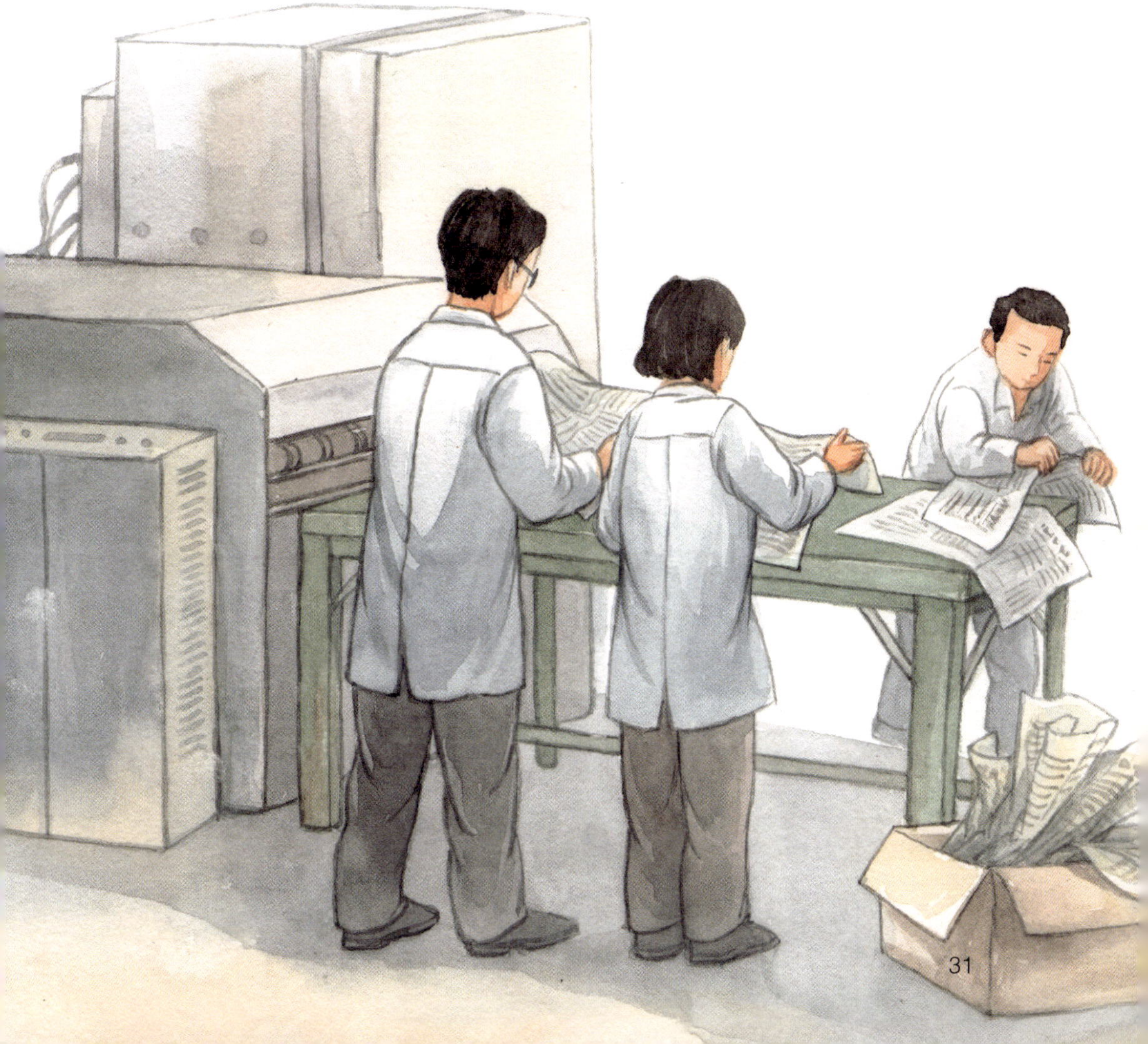

1979年7月，在北京大学未名湖畔的机房里，几十双眼睛灼热地注视着第四代激光照排机样机。时间一分一秒地过去，样机顺利印刷出一张完整的报纸样张。

报头“汉字信息处理”几个大字遒劲有力，通篇细细读来，没有错字，没有漏印，也没有歪歪扭扭的字形和墨点！

王选拿着放大镜，反反复复看了多次，终于抬起头，大声宣布：“成功了！非常完美！”

大家纷纷拿过报纸样张，左瞧右看、翻来覆去地检查，不时爆发出震耳欲聋的欢呼声！

我国第一张用汉字激光照排系统输出的报纸样张，就这样诞生了！

汉字激光照排系统研发成功的消息，如同云端的响雷，震惊了世界印刷行业！

蒙纳公司的总设计师金斯教授得到消息后，带领团队来到北京，一见到机器，便睁大眼睛惊异地问道：“你们真的搞出来了？”

金斯教授用放大镜仔仔细细地看照排机输出的底片，连声称赞道：“Very high quality（质量很高）！Very high quality！”

1985 年 5 月，王选团队研发的激光照排机“华光”顺利通过层层审查，获得了国家级的合格认定。1993 年，我国几乎所有的报社和黑白印刷厂都开始采用国产激光照排系统。

此后，王选带领着日益成熟的研发队伍先后研制出更先进的激光照排系统，掀起了我国的印刷技术革命。

在漫长的科研生涯中，王选掌握着印刷行业最高端前沿的技术，但他却从未要求任何奖金、荣誉，还总是主动承担最辛苦的工作。好几次出国，看别人逛大商场购物，他始终不为所动。1985 年，王选家里还只有一台 9 英寸的小黑白电视机。

印刷技术革命在中华大地上如火如荼地进行，王选却再度病倒了。

数十年呕心沥血、殚精竭虑，疲累和病痛已经彻底拖垮了他的身体。

2006年2月13日，中国科学院院士、中国工程院院士、汉字激光照排系统创始人王选因病逝世。

王选一生都在苦难中奔跑。青年时与病痛纠缠搏斗，中年时在质疑中砥砺前行，到了晚年尘霜满面，仍怀揣着热忱的理想，牵挂着未竟的事业。

人们会永远记住他。

2008 年 1 月，经过国际小行星命名委员会批准，一颗由中国科学院紫金山天文台于 1965 年观测发现的编号为 4913 的小行星，被正式命名为“王选星”。

峥嵘岁月皆远去，斯人千载有余声。

而今，当我们仰望那深蓝静谧的苍穹，穿越世纪的星月与风霜，王选那温和坚定的声音仿佛仍在耳畔回响：“做出有用的事情，我们这一生便没有虚度了。”

做出有用的事情，
我们这一生便没有虚度了。

延伸阅读

注释

红旗机：20 世纪 50 年代末期，新技术革命已在世界范围内蓬勃兴起。苏联率先在 1957 年借助电子计算机技术，把人类第一颗人造卫星送入太空，轰动全球。在这种背景下，我国制订的十二年科技发展规划把发展电子计算机作为国家的四大紧急项目之一，并从中国科学院、各高等学校及工业和国防等部门抽调力量，筹建了中国科学院计算技术研究所。北京大学也决定研制一台每秒达 1 万次定点运算的计算机“红旗机”，如果成功，其运算速度可以列入当年世界前 10 名。

红旗营：1958 年 11 月，为了便于管理，北京大学把参加“红旗机”研制工作的教员和学生按连队编制组织起来，成立了“红旗营”。营长由张世龙担任，教导员由陈良焜担任，王选、王良训担任营参谋。但是“红旗营”的热闹场面仅仅维持了几个月就结束了。1959 年初，“红旗营”解散，一百多名营员只有十余人留下继续工作，其余都陆续返回原单位。不过，通过几个月的学习和实践，“红旗营”为各校培养了计算机技术骨干，不少学校相继开设了计算机课，“红旗营”成了播撒计算机技术的种子基地。

打鬼：也叫“抓鬼”。红旗机使用的是自行设计的国产元器件，磁心存储器不可靠，电路和工艺上也存在很大问题，经常出现虚焊点，影响机器的稳定运行。要在几万个焊点中找出虚焊点，有一种办法就是敲打，拿小锤子在插件上轻轻地敲打，若是有虚焊点或元器件不好，这么一敲打机器就马上停，这就是“打鬼”。

汉字精密照排系统

汉字精密照排系统是指运用计算机和相关的光学、机械技术，对中文信息进行输入、编辑、排版、输出及印刷的系统。就是将文字通过计算机分解为点阵，然后控制激光在感光底片上扫描，用曝光点的点阵组成文字和图像。通俗一点来讲，实际上就是电子排版系统。

早在20世纪40年代，西方就开始了用照排机取代铅字的研究和发明。

第一代是手动式照排机，于1946年在美国研制成功。

第二代是光学机械式照排机，于1951年在美国研制成功。第二代照排机与计算机相连，构成了计算机排字系统。

第三代是阴极射线管照排机，1965年在德国研制成功，它把所有的字模以数字化形式存储在计算机内，输出装置是一个超高分辨率的阴极射线管，依靠它发光在底片上成像。20世纪70年代，三代机在欧美广泛使用，十分流行。

此时，中国仍然是“以火熔铅，以铅铸字，以铅字排版，以版印刷”，用铅字进行活字印刷，手工挑字、人工排版，印刷和出版效率非常低。这是因为，与拉丁字母相比，汉字不仅字数繁多，而且变化万千，汉字输入和输出计算机的问题并未得到解决。

为此，在1974年，国家设立了国家重点科研攻关项目“748工程”，研发汉字信息处理系统。北京大学成立“748工程会战组”，由张龙翔任组长，王选、陈堃銶是会战组技术骨干。

1976年，王选提出直接研制第四代激光照排系统。

1979年7月27日，王选和他的团队用自己研制的汉字激光照排系统成功输出了第一份报纸样章《汉字信息处理》。

1980年9月15日，王选和他的团队用汉字激光照排系统排出的第一本汉字图书——《伍豪之剑》。这套计算机—激光汉字编辑排版系统原理性样机后来被命名为华光Ⅰ型机。1981年7月，华光Ⅰ型机通过国家级的鉴定。

1982年，研制成功华光Ⅱ型计算机——激光汉字编辑排版系统。1985年，华光Ⅱ型系统作为中国电子产品的代表参加了日本筑波万国科技博览会，获得一致好评。

1985 年，新华社印刷厂的试验车间里，王选（右一）向周培源（左二）、卢嘉锡（右三）、黄辛白（左一）等领导和专家介绍华光Ⅱ型系统运行情况

1987 年,《经济日报》率先采用华光Ⅲ型机照排系统，出版了世界上第一张采用计算机屏幕组版、整版输出的中文报纸。第二年，经济日报社印刷厂卖掉了全部铅字，彻底放弃了铅排作业。

1989 年,《人民日报》引进美国 HTS 公司的照排系统失败，改用国产华光系统，与北京大学签约。此后，外国照排厂商全部退出中国市场。

1991 年，新一代电子出版系统——北大方正电子出版系统面世。1992 年，彩色电子出版系统研制成功，并被《澳门日报》采用，在世界上首次实现彩色图片与中文合一处理和输出，引发了中文报业的彩色革命。

1992 年，远程传版新技术研制成功,《人民日报》首家采用，并通过卫星向全国 22 个城市传送报纸版面，实现了报纸异地同步不失真地高质量印刷，引发“告别报纸传真机”的技术革新。

1993 年，我国自行研制的照排系统，占领国内报业 99% 和书刊（黑白）出版业 90% 的市场，以及 80% 的海外华文报业市场，创造了巨大的经济效益和社会效益，并打入日本和韩国市场。